The Adventures of the Money Mavens®
"Money Talks"

Las Aventuras de Los Mavens de Dinero®
"El Dinero Habla"

AF897203

By Kiara McClendon
Escrito por Kiara McClendon

Dedicated to two of the best grandparents in the world, my Grandma & Poppy. Thank you for teaching me how to one day be "rich" like you. Rich in love. Rich in life. Rich in wisdom. Rich in legacy. I will never be wealthy enough to repay you for all the invaluable lessons you've both taught me. I am forever grateful and love you both so very much.

"The blessing of the Lord makes a person rich, and he adds no sorrow with it." (Proverbs 10:22)

Dedicado a dos de los mejores abuelos del mundo, mi Abuela y Poppy. Gracias por enseñarme cómo, algún día, ser "rica" como ustedes. Rica de amor. Rica de vida. Rica de sabiduría. Rica de legado. Nunca seré lo suficientemente rica para pagarles por todas las lecciones inestimables que ustedes me enseñaron. Estoy eternamente agradecida y los amo mucho a los dos.

"La bendición del SEÑOR es la que enriquece, y no añade tristeza con ella." (Proverbios 10:22)

Thank you Cinta for your encouragement, beautiful spirit, and for editing the Spanish translations in our series!

¡Gracias Cinta por tu aliento, hermoso espíritu y por editar las traducciones al español de nuestra serie!

ISBN: 978-0-692-17511-8

Printed in the United States of America. Updated in 2024.

Published by AForEffort, LLC. AForEffort, LLC is the proud parent of the The Adventures of the Money Mavens book series. Thank you for your support!

ISBN: 978-0-692-17511-8
Publicado por AForEffort, LLC. AForEffort, LLC es la orgullosa organización matriz de la serie de libros The Adventures of the Money Mavens®.
¡Gracias por su apoyo!

English

Hi, I'm Peter E. Banks, but everybody calls me Pig.
Follow me, so I can show you where I live!

Español

¡Hola! Soy Peter E. Banks, pero todos me llaman Pig.
¡Sígame, voy a mostrarle donde vivo!

Young'
Welcome to
MISSISSIPPI
Birthplace of America's Music

English

I'm from small town. Mississippi, Money to be precise. But I've got dreams of being a boss in the Big Apple, I love the New York City life!

Español

Soy de un pueblo pequeño, de Money (Mississippi) para ser exacto. Pero sueño con ser un jefe en La Gran Manzana. ¡Amo la vida de la ciudad de Nueva York!

English

But enough about me, there are some people I want you to meet. I've got a huge group of friends, and I think they're all pretty neat!

Español

Bueno, ya hemos hablado suficiente de mí, hay personas que quiero que conozca. ¡Tengo muchos amigos y creo que todos son increíbles!

English

We've got Quincy Quarters or Q, and Walter Wise, but we call him Wally. We've got Benji the Bull & my guy Crypto Coins...by golly!

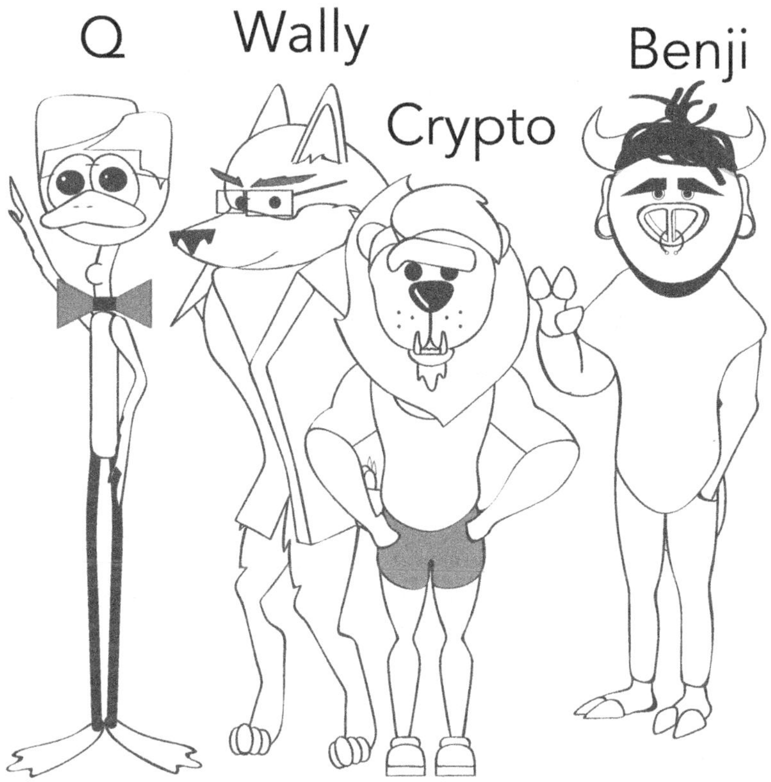

Español

Tenemos Quincy Quarters o Q, y Walter Wise, pero lo llamamos Wally. ¡Tenemos Benji the Bull (Toro) y mi amigo Crypto Coins...caramba!

WEALTH

English

They are each so unique and love saving money like me. But we all have things to learn to be financially free.

Español

Todos son únicos y les encanta ahorrar dinero, igual que a mí. Pero todos tenemos todavía cosas que aprender para conseguir la libertad financiera.

ICE CREAM
FORBES
Benjamin
$2.3 BILLION
Record Profits
FORBES TOP 50
HUMANITARIAN AWARD
FASHION ICON

English

It's important to plan for when we get big. So we save our dollars now so one day we can live in the homes that we love with our families. So cool! In our towns that thrive, we will live out our dreams when we finish school.

Español

Es importante planear para cuando seamos mayores. Así que empezamos a ahorrar nuestros dólares ahora, para que un día podamos vivir en una casa maravillosa con nuestras familias. ¡Genial! ¡Viviremos nuestros sueños cuando nos graduemos!

Chelsea Cori

English

For example, look at Chelsea Checks. She's awesome and such a great friend. But sometimes she struggles when it comes to budgeting.
She's best friends with Cori Coins, Crypto's big sister. Cori thinks it's great to spend her money all in one place, but I beg to differ.

Español

Mire a Chelsea Checks, por ejemplo. Ella es increíble y una muy buena amiga. Pero, a veces, tiene problemas con su presupuesto. Ella es la mejor amiga de Cori Coins, la hermanita de Crypto. Cori piensa que es fabuloso gastar todo su dinero de golpe, pero yo no estoy de acuerdo.

TOYS
GAMES
No, thank you!
Big sale going on today!
M

English

But here comes Antwon T. Dollars, or Twon for short, who always reminds us how important it is. To be smart with all of our dollars and cents, and make really good financial decisions.

No, thank you!

Español

Pero aquí viene Antwon T. Dollars, o Twon como le llamamos, quien siempre nos recuerda que es importante ser inteligente con nuestros dólares y centavos, y que tomemos buenas decisiones financieras.

SAVINGS

English

Let's not forget Ivanna N. Vestman and her favorite green vest, with over ten pockets perfect for saving all her excess. Dollars and cents, coins and checks. She does such a great job keeping track of what she spends.

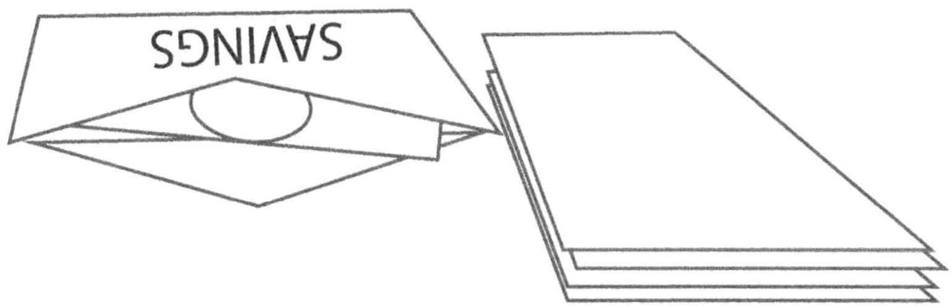

Español

No nos olvidemos de Ivanna N. Vestman y su chaleco verde favorito, con más de diez bolsillos que son perfectos para guardar todos su dólares, centavos, monedas y cheques. Ella hace un gran trabajo haciendo un seguimiento de lo que gasta.

English

We all love saving money for the rainiest of days, and have dreams of owning businesses and changing the world in some big ways!

Español

¡Nos encanta ahorrar para tiempos difíciles, y soñamos con hacernos ricos, ser dueños de negocios y cambiar el mundo a lo grande!

English

We hope you will stay with us as we laugh, and grow, and play.

Español

Esperamos que se quede con nosotros mientras reímos, y crecemos, y jugamos.

English

So take your dollars and your dreams and tuck them each away, and watch them grow and get bigger in your own special Piggy Bank!

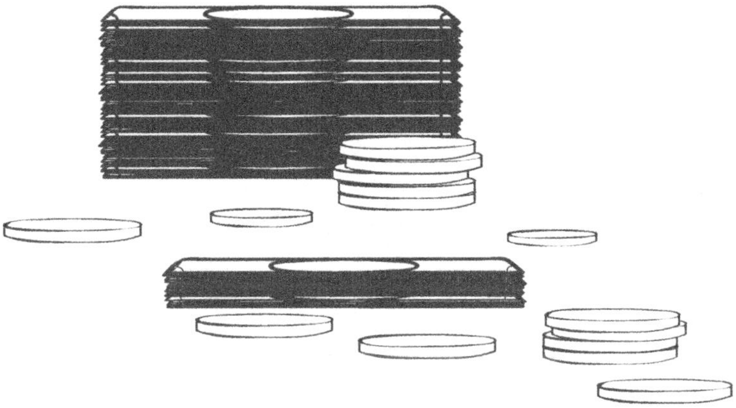

Español

Entonces saque sus dólares y sus sueños y guárdelos; mírelos crecer y hacerse más grandes en su hucha especial!

Meet the

Money Mavens Crew

Antwon T. Dollars

Benji Balance

Antwon "Twon" T. Dollars

Born: October 31, 2006 (World Savings Day)

Antwon T. Dollars, Twon T. for short, is the man around Money! Always hustling and bustling faster than his little legs could carry him, Twon and his little square glasses can always be seen making moves around town. Twon is on the fast track to being great and wants to save his money to go to an Ivy League School. He is gifted at math and helps his friends make great decisions with their money, from saving to investing to making smart purchases. Twon's parents have been married for over 25 years. He was an only child for a long time until his parents decided to adopted his two amazing (and sometimes annoying) little brothers. Twon loves how unique his family is! In the future, Twon wants to travel the world and learn more about other cultures, other languages, and of course other types of money!

Fecha de nacimiento: 31 de octubre 2006 (Día Internacional del Ahorro)

Antwon T.Dollar, Twon T. para los amigos, es el hombre de Money. Siempre ocupado de un lado para otro corriendo más rápido de lo que le permiten sus pequeñas piernas, Twon y sus gafitas cuadradas siempre están moviéndose por la ciudad. Twon está en la autopista para hacer algo grande y quiere ahorrar su dinero para ir a una universidad de Ivy League. Tiene talento en matemáticas y ayuda a sus amigos a tomar decisiones con su dinero, desde ahorros a inversiones haciendo compras inteligentes. Los padres de Twon llevan 25 años casados. Fue hijo único durante mucho tiempo, hasta que sus padres decidieron adoptar dos maravillosos (y a veces molestos) hermanos pequeños. ¡A Twon le encanta tener una familia tan única! En el futuro, Twon quiere viajar por el mundo y aprender más sobre otras culturas, otros idiomas y, naturalmente, ¡otras monedas!

Benji "The Bull" Balance

Born: September 21, 2005 (International Day of Peace)

Benji is the most laid back guy ever! A meditation loving, tree planting, martial arts master, Benji is often the voice of reason with his friends. He believes there should be a balance between spending money for fun and items you want, and paying the bills on time for items you need. Benji's parents are Japanese immigrants and moved to America to expand their alternative energy company. His parents love the environment and all things solar powered; Benji can always be seen appreciating the great outdoors (and making sure his friends recycle!) Benji dreams of world peace and equality for all, and is always fair and loving to all of his friends. One day he wants to work for the Environmental Protection Agency and buy his parents a new house in Japan. Ultimately, Benji is determined to make the world a better, much cleaner place.

Fun fact: his favorite color is red.

Fecha de nacimiento: 21 de septiembre (Día Internacional de la Paz)

¡Benji es el tipo más relajado que hayas visto! Como amante de la meditación, plantar árboles y maestro de artes marciales, Benji es a menudo la voz de la razón con sus amigos. Cree que debe haber un equilibrio entre gastar dinero por diversión y cosas que quiere y pagar las facturas cuando toca en cosas que necesita. Los padres de Benji son inmigrantes japoneses que llegaron a América para expandir su empresa de energía alternativa. Sus padres aman el medio ambiente y todo aquello que funcione con energía solar; así que siempre podemos ver a Benji disfrutando de los grandes espacios y ¡asegurándose que sus amigos reciclan! Benji sueña con un mundo de paz y equidad para todos, y siempre es justo y amable con todos sus amigos. Un día le gustaría trabajar para la Agencia de Protección Ambiental y comprar una casa nueva en Japón para sus padres. En definitiva, Benji está determinado por hacer del mundo un lugar mejor, mucho más limpio.
Dato curioso: su color favorito es el rojo.

Chelsea Checks

Crypto Coins

Chelsea Checks "C.C" (Bear)

Born: December 23, 2005 (Madame C.J. Walker's birthday, first female millionaire & beauty pioneer)

Chelsea is the fashionista of the group! She loves all things fashion and fashionable, but always finds herself in trouble when it comes to budgeting. She sometimes needs help from her friends so that she stays on budget, and they always try to stop her from buying items that are way too overpriced. Chelsea is a little awkward about her braces and her acne, but everyday she is learning to love herself just the way she is! Chelsea lives with her mother and father and two little sisters, girls who are always looking up to her. When she can get her spending habits under control Chelsea plans to start her own fashion company one day transforming old clothes into the hottest new outfits.

Fecha de nacimiento: 23 de diciembre de 2005 (Aniversario de Madame C.J. Walker, primera mujer millonaria y pionera de la belleza)

¡Chelsea es la experta en moda del grupo! Le gustan todas las cosas relacionadas con la moda, pero siempre tienen problemas a la hora de presupuestar. A veces necesita la ayuda de sus amigos para mantenerse dentro de su presupuesto, y siempre intentan evitar que compre productos que están sobrevalorados. Chelsea se siente un poco incómoda con sus aparatos dentales y su acné, pero cada día aprende a amarse tal y como es. Chelsea vive con su madre, su padre y dos hermanas pequeñas que la admiran profundamente. Cuando consiga mantener sus gastos bajo control, Chelsea planea empezar su propia empresa de moda transformando ropa vieja en las prendas más candentes.

Chris "Crypto" Coins (Lion)
Born: January 9, 2005 (Launch date for the first crypto currency)

Chris "Crypto" Coins is the coolest student-athlete you'll ever meet! Fascinated by football, fitness, and financial freedom, Crypto loves finding new ways to make and manage his money online. He dreams of finding a way to merge his interests in sport with technology and wants to create an app to help other athletes learn more about investing and starting their own technology companies. A straight-A student, computer science is his favorite class. His family is so proud of his success in the classroom and on the field. After school, Crypto is super busy with football practice but when he's not focused on X's and O's, he can be seen with the Money Mavens crew, spending time with his little sister Cori, or in front of his computer, on his tablet, or on his smartphone. He never wants to put his gadgets down and won't stop until he become the next big Tech Tycoon.

Fecha de nacimiento: 9 de enero 2005 (fecha de lanzamiento de la primera cripto moneda)

Chris "Crypto" Coins es el estudiante atleta más extraordinario que hayas conocido. Fascinado por el fútbol, el fitness y la libertad financiera, a Crypto le encanta encontrar nuevas formas de hacer y gestionar su dinero en línea. Sueña con encontrar la forma de unir su interés por el deporte y la tecnología y quiere crear una aplicación para ayudar a otros atletas a aprender más sobre inversión, y crear así su propia compañía tecnológica. Excelente estudiante, su clase favorita es informática. Su familia está muy orgullosa de su éxito tanto en clase como en el campo. Después de la escuela, Crypto está muy ocupado con el entrenamiento de fútbol, pero cuando no está centrado en la táctica y la técnica, se le puede ver con la banda de Money Mavens, pasando tiempo con su hermana pequeña Cori, o delante de su ordenador, su tableta o su teléfono. Nunca quiere dejar de lado sus dispositivos electrónicos y no lo hará hasta que se convierta en el nuevo gran magnate tecnológico.

Ivanna N. Vestman

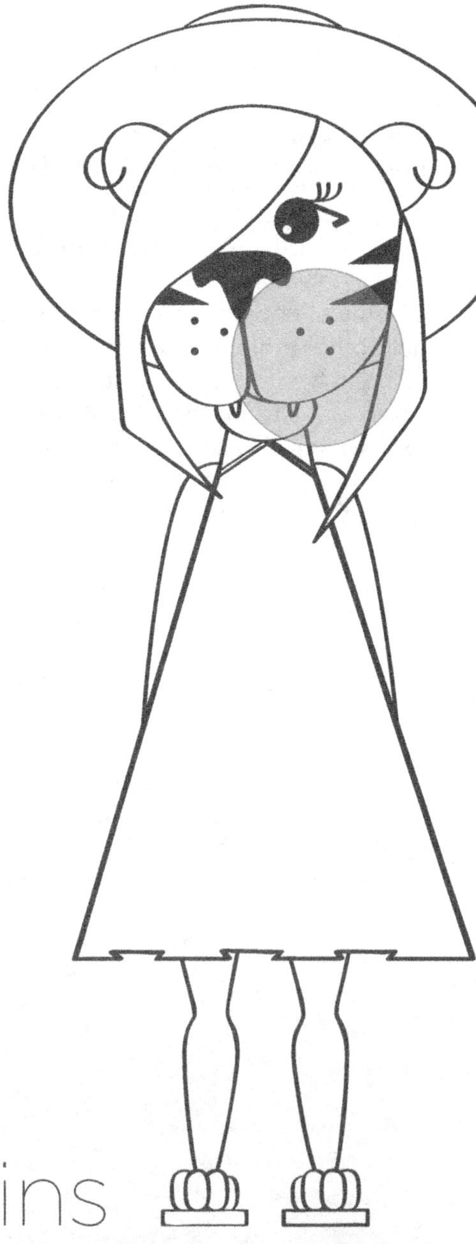

Cori Coins

Cori Coins (Liger)

Born: January 1, 2007 (First Day of the Year, Date to Fund IRAs for Small Business Owners)

Cori Coins. There's so much to say about this little lady! Cori is the youngest of the Money Mavens crew, and grew up in a blended family. Cori's mom Tina the Tiger and dad Leon the Lion, who is originally from Benin, met during Tina's business trip in Africa. When Leon and Tina returned to the United States, Leon introduced Tina to his son Chris. Chris, who goes by the nickname Crypto, was super excited when his dad told him he would be be getting married again and loved the idea of having a "bonus" mom. A few years after they married, the family moved from a small town outside of Money and Cori was born. Cori and Crypto, are very close even though they get on each other's nerves almost every day! No matter how many times the Mavens crew try to tell Cori, she always tries to keep up with how much money her friends are spending and often overspends. She will need to get her spending under control if she wants to own her own hair salon chain one day. One thing about Cori is for certain, a liger never changes its stripes.

Fecha de nacimiento: 1 de enero 2007 (Primer día del año, fecha de fondo IRAs para dueños de pequeños negocios)

Cori Coins, ¡hay tanto que decir sobre esta pequeña dama! Cori es la más joven de la banda de los Money Mavens y creció en una familia compuesta. La mamá de Cori, Tina The Tiger, y el papá Leon the Lion, originario de Benin, se conocieron durante un viaje de negocios de Tina a África. Cuando Leon y Tina volvieron a Estados Unidos, Leon le presentó a su hijo Chris. Chris, a quien conocemos bajo el apodo de Crypto, se puso muy contento cuando su papá le dijo que se volvería a casar y le encantó la idea de tener una mamá "bonus". Unos años después de la boda, la familia se mudó desde un pequeño pueblo a las afueras de Money y nació Cori. Cori y Crypto están muy unidos, aunque acaben con los nervios del otro cada día. No importa cuantas veces la banda de Mavens intente decírselo a Cori, ella siempre intenta llevar un seguimiento del dinero que gastan y, a menudo, derrochan sus amigos. Necesita mantener sus gastos bajo control si quiere tener su propia cadena de peluquerías algún día. Una cosa está clara con Cori, el tigre no cambia sus rayas.

Ivanna N. Vestman (Owl)
Born: March 8, 2006 (Date of First Constitution of American Stock Market)

Ivanna N. Vestman is one wise owl. She is the girl you want to go to for all things investment related. She learned everything there is to know about making your money work for you growing up with her grandma and grandpa. They often had talks around the dinner table about budgeting, investing, and financial discipline, and could be seen paying their bills with the old-fashioned envelope method. Her grandfather gave her a pocket watch for her 10th birthday engraved with his favorite saying, "Time is Money." Ivanna loves educating her friends on how to grow your financial stability through investing in different companies, or what she calls her "diversified investment portfolio." Her vintage and edgy style is one of the most noticeable things about her. You will always catch Ivanna with some type of vest on, with multiple pockets full of money. She wants to one day become wealthy and donate her money to new business owners who need money to start their new businesses. She also wants to become a financial planner and own her own educational consulting business, teach people around the world how to make smart money choices so that they can live like their money grows on trees.

Fecha de nacimiento:8 de marzo 2006 (fecha de la primera constitución del Mercado de Valores Americano)

Ivanna N. Vestman es un búho sabio. Ella es la chica a la que acudes para cualquier cosa relacionada con inversiones. Aprendió todo lo que hay que saber sobre hacer dinero para crecer con su abuela y su abuelo. A menudo tenían charlas durante la cena sobre presupuestos, inversiones y disciplina financiera, y se la puede ver pagando sus facturas con el antiguo método de los sobres. Su abuela le regaló un reloj de bolsillo para su décimo cumpleaños con su frase favorita grabada "el tiempo es oro". A Ivanna le gusta educar a sus amigos sobre como aumentar su estabilidad financiera a través de inversiones en diferentes empresas o, como ella lo llama, "portafolio de inversiones diversificadas". Su estilo vintage y vanguardista es uno de sus signos de distinción. Siempre verá a Ivanna con algún tipo de chaqueta, con varios bolsillos llenos de dinero. Quiere ser rica algún día y donar su dinero a nuevos emprendedores que necesiten capital para empezar su negocio. También quiere ser planificadora financiera y tener su propio negocio de consultoría educacional y enseñar a gente de todo el mundo a tomar decisiones inteligentes con su dinero y que puedan vivir como si su dinero creciera de los árboles.

Peter E. Banks

Quincy Quarters

Peter "Pig" E. Banks

Born: May 17, 2004 (Date the New York Stock Exchange (NYSE) was founded)

Peter Ebanks, or Pig, was born and raised in Money, Mississippi. Money is all he knows. An only child of Peter Ebanks Sr. (Big Pig), Pig's dad always talk to him about the importance of saving his money, being financially responsible, and owning his own business one day like mom and dad. Pig's dad owns the only convenience store in town and he and his friends frequently hang out there after school. Pig's mom was a beautiful lady who always talked about her childhood trips to New York City. She still watches over Pig and his dad as their guardian angel. Pig dreams of going to the Big Apple and making it big as an investment banker on the New York Stock Exchange. He always keeps a jolly attitude and can occasionally be heard letting out a big hearty laugh from the pit of his big, round belly.

Fecha de nacimiento: 17 de mayo 2004 (fecha de fundación del Mercado de valores de Nueva York - NYSE)

Peter Ebanks, o Pig, nació y creció en Money, Mississippi. Money es todo lo que conoce. Como hijo único de Peter Ebanks Sr. (Big Pig), el papá de Pig siempre le habla de la importancia de ahorrar su dinero, ser responsable financieramente y tener su propio negocio algún día, como papá y mamá. El padre de Pig tiene la única tienda del pueblo y él y sus amigos van por allí a menudo después de la escuela. La mamá de Pig era una mujer guapa a la que gustaba hablar de sus viajes escolares a la ciudad de Nueva York. Ahora cuida de Pig y su papá como un ángel guardián. Pig sueña con ir a la Gran Manzana y triunfar como banquero de inversiones en el mercado de valores de NY. Siempre tiene una actitud alegre y en ocasiones se le oye reír a carcajadas por encima de su redonda barriga.

Quincy Quarters "Q"

Born: April 25, 2005 (Date UNCF was founded)

Quincy Quarters, or Q as he likes to be called is one cool duck. With his super skinny build and famous bow tie, Q is always dressed for the job that he wants. He was always made fun of because he's the tallest in his class but he didn't let that stop him from becoming super smart in school and with his money. He is fascinated by everything related to credit, from credit cards to credit scores, and dreams of one day having enough money to start a college fund for other kids like him. He, his parents, and his little sister Quinn live in a small house on the other side of Money, and are very close-knit. They come from humble beginnings, love spending time together, and talk a lot about the future. Q always wants to make his family proud by doing the best he can do in school and getting a scholarship to go to college.

Fecha de nacimiento: 25 de abril de 2005 (fecha de la fundación del UNCF)

Quincy Quarters, o Q como le gusta que le llamen, es un tipo con clase. Con su traje ajustado y su famosa pajarita, Q siempre va vestido para el trabajo que quiere. Siempre se rieron de él porque era el más alto de la clase, pero nunca dejó que eso le impidiera ser elegante en la escuela y con su dinero. Está fascinado con todo lo relacionado con el crédito, desde tarjetas de crédito a puntuación de crédito, y su sueño es tener suficiente dinero un día para crear una bolsa de becas para otros niños como él. Él, sus padres y su hermana pequeña Quinn viven en una pequeña casa al otro lado de Money y están muy unidos. Tienen unos orígenes humildes, les gusta pasar tiempo juntos y hablar mucho sobre el futuro. Q quiere que su familia esté orgullosa de él y para eso hace lo mejor que puede en la escuela para conseguir una beca para ir a la universidad.

Walter Wise

Walter "Wally" Wise

Born: April 15, 2006 (Tax Day)

Walter Wise, or Wally as he likes to be called, is the newest member of the Money Mavens crew and is still finding his way in Money, Mississippi. He just moved to the town a few months ago and is still adjusting to making new friends. He's very smart and quiet, but sometimes struggles in social situations because he has anxiety. People often mistake him for being sneaky but he's really always strategizing on how to solve money problems and how to launch his future business. He wants to start his own wallet company and is always advising his friends and family members on the best way to stay organized. He and his family moved around a lot when he was younger because his mother was in the military. His mother received an honorable discharge after she was injured overseas and decided to settle down in the United States. Wally is really looking forward to staying in Money longer than some of the other cities they have lived in, and is excited the Money Mavens crew have given him such a warm welcome!

Fecha de nacimiento: 15 de abril 2006 (Día de los impuestos)

Walter Wise, o Wally como le gusta que le llamen, es el miembro más reciente de la banda de Money Mavers y todavía está buscando su sitio en Money (Mississippi). Se ha mudado al pueblo hace solo unos meses y se está acostumbrando a hacer nuevos amigos. Es muy inteligente y tranquilo, pero a veces lo pasa mal en contextos sociales porque tiene ansiedad. La gente a veces cree que es tramposo, pero en realidad siempre está pensando en estrategias para solucionar problemas de dinero y pensando en cómo lanzar su futuro negocio. Quiere empezar su propia empresa de carteras y siempre aconseja a sus amigos y familia sobre la mejor manera de organizarse. Su familia se movió mucho cuando era pequeño porque su madre estaba en el ejército. Su madre recibió una jubilación con honores después de ser herida en el extranjero y decidió instalarse en Estados Unidos. Wally tiene muchas ganas de quedarse en Money más tiempo del que ha estado en otras de las ciudades en las que ha vivido, y está emocionado por la cálida bienvenida que le ha dado la banda de Money Mavens.

Savers Activity

Set a family savings goal with your little Saver(s). Take an empty piggy bank, jar, or shoe box (or whatever works best for you!) and decorate it with stickers, by drawing on it, etc. Throughout the week see how many pieces of loose change you can add to your "Piggy Bank." After two weeks, get together as a family and count how much you have saved. If you have reached your saving goal, treat yourselves to something fun like an ice cream date or a family movie night at home, and then set a new savings goal!

Establece un objetivo de ahorro familiar con sus ahorradores pequeños. Saca un hucha vacía, jarra, o caja de zapatos (¡o lo que funciona mejor para ti!) y decorarlo con pegatinas o dibujes. Durante la semana cuenta cuantos dólares y centavos puede echar en la hucha. Dos semanas más tarde, reúnanse como familia y cuenten cuánto han ahorrado. Si han conseguido su objetivo de ahorro, concédanse un capricho con algo divertido como una tarde de helados o una cena familiar con película. Luego, establezcan un nuevo objetivo de ahorro.

We have created our own play money, Mavens Money, so you can also use that for your piggy bank too! The Mavens Money can be cut out and used for the Money Savers Activity and other savings activities too! Use the "Savings Tracker" to keep up with how much money you save. Happy Saving!

After two weeks, get together as a family and count how much you have saved. If you have reached your saving goal, treat yourselves to something fun like an ice cream date or a family movie night at home, and then set a new savings goal.

Hemos creado nuestro propio dinero ficticio, Dinero de Mavens, también puede usarlo para su hucha. ¡El Dinero de Mavens se puede cortar y separar y utilizar para la actividad de Ahorradores de Dinero y también otras actividades de ahorro! Use el "Rastreador de Ahorros" para saber exactamente la cantidad de dinero que ahorra. ¡Feliz ahorro!

Después de dos semanas, reúnanse como familia o grupo y cuenten cuánto dinero ahorraron. Si han alcanzado su objetivo de ahorro, disfruten con algo divertido como un helado, una fiesta de pizzas o una noche de películas en casa. Luego, establezcan un nuevo objetivo de ahorro.

Increase your goal 10% each time and track how much you've saved together after three months, six months, nine months, and one year.

Money Mavens
Saving Tracker
Money, MS 38930

Set a family savings goal with your little Saver(s).

Today's Date: ______________

Savings Goal: __________________________

Date:	Amount:
____________	____________
____________	____________
____________	____________
____________	____________
____________	____________
____________	____________
____________	____________

Total: ____________________

Aumenten su objetivo de 10% cada vez y sigan contando cuánto ahorraron después de tres meses, seis meses, nueve meses, y un año.

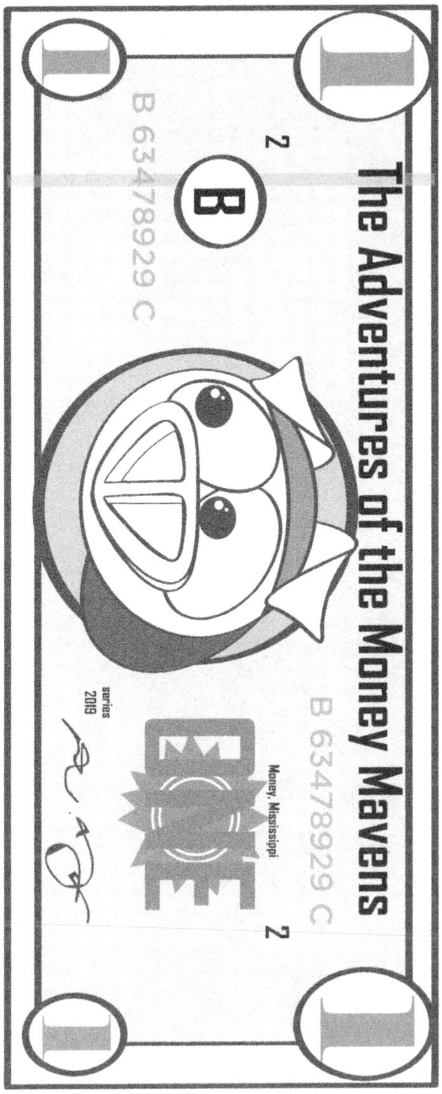
The Adventures of the Money Mavens
B 63478929 C
2
B
Money, Mississippi
ONE
series
2019

The Adventures of the Money Mavens
B 63478929 C
2
B
Money, Mississippi
ONE
series
2019

The Adventures of the Money Mavens
B 63478929 C
2
B
Money, Mississippi
ONE
series
2019

The Adventures of the Money Mavens
B 63478929 C
2
B
Money, Mississippi
ONE
series
2019

The Adventures of the Money Mavens
B 63478929 C
B
2
Money, Mississippi
series
2019

The Adventures of the Money Mavens
B 63478929 C
B
2
Money, Mississippi
series
2019

The Adventures of the Money Mavens
B 63478929 C
B
2
Money, Mississippi
series
2019

The Adventures of the Money Mavens
B 63478929 C
2
B
Money, Mississippi
2
B 63478929 C
series
2019

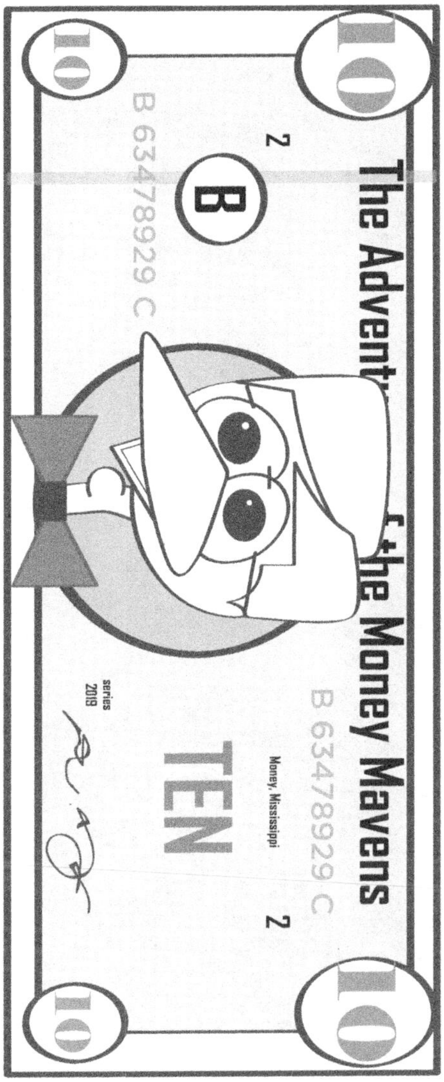
10
The Advent
the Money Mavens
B 63478929 C
2
B
Money, Mississippi
TEN
series
2019

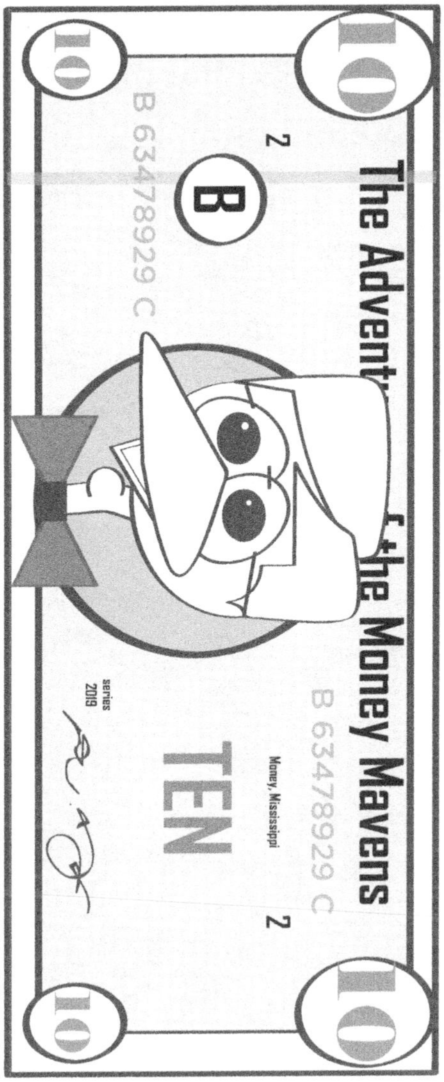
10
The Advent
the Money Mavens
B 63478929 C
2
B
Money, Mississippi
TEN
series
2019

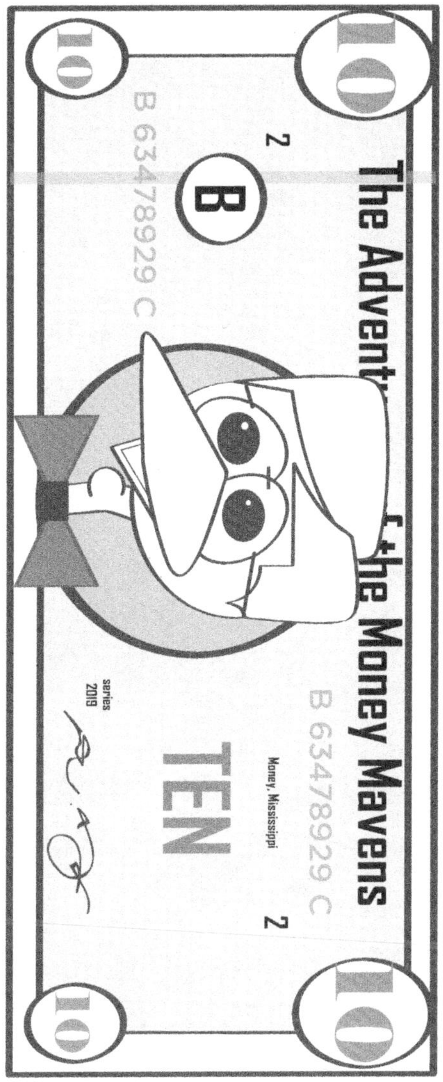
10
The Advent
the Money Mavens
B 63478929 C
2
B
Money, Mississippi
TEN
series
2019

10
The Adventu
the Money Mavens
B 63478929 C
2
B
Money, Mississippi
TEN
series
2019

20
The Adventures of the Money Mavens
B 63478929 C
2
B
Money, Mississippi
series
2019

20
The Adventures of the Money Mavens
B 63478929 C
2
B
Money, Mississippi
series
2019

20
The Adventures of the Money Mavens
B 63478929 C
2
B
Money, Mississippi
series
2019

20
The Adventures of the Money Mavens
B 63478929 C
2
B
Money, Mississippi
series
2019

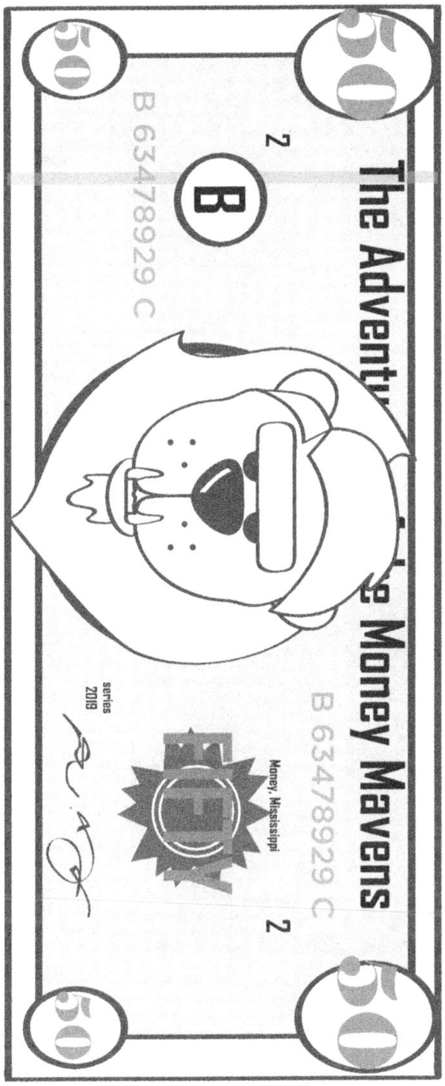
50
B 63478929 C
2
B
The Adventu
e Money Mavens
Money, Mississippi
series
2019

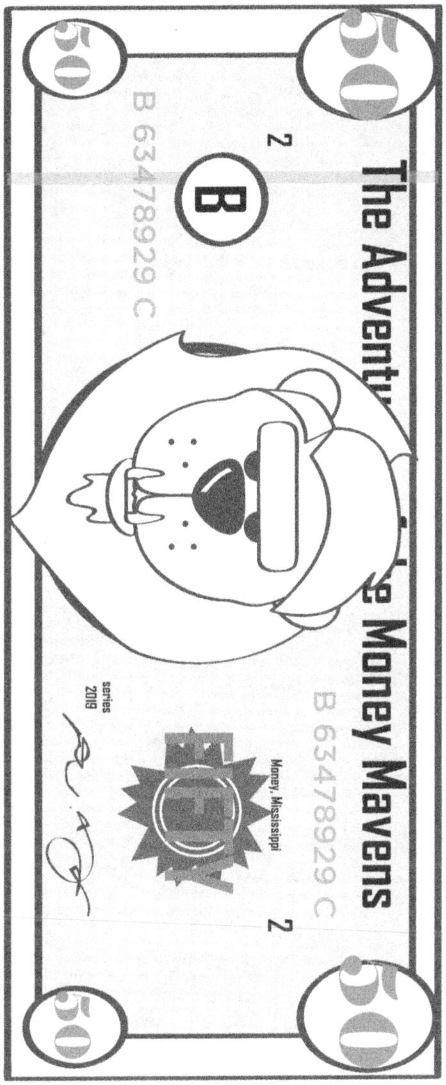
50
B 63478929 C
2
B
The Adventu
e Money Mavens
Money, Mississippi
series
2019

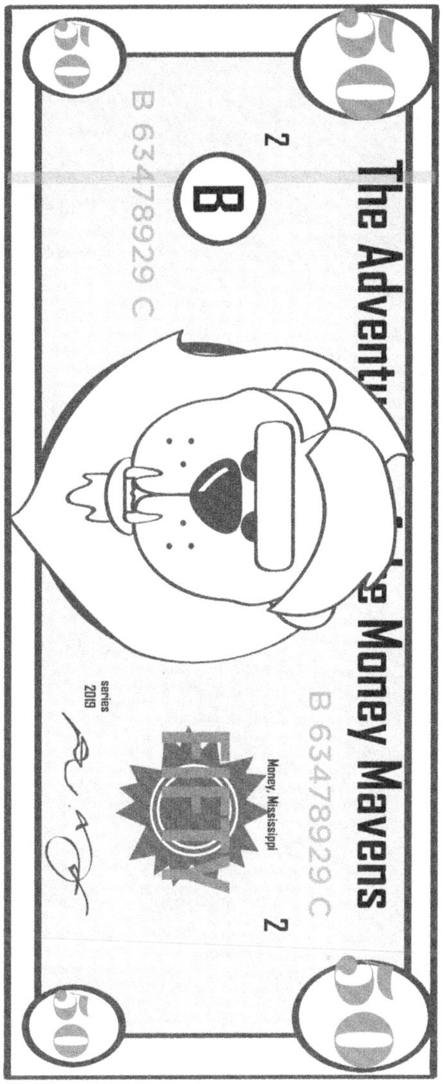
50
B 63478929 C
2
B
The Adventu
e Money Mavens
Money, Mississippi
series
2019

50
The Adventu
e Money Mavens
B 63478929 C
2
B
Money, Mississippi
series
2019

The Adventures of the Money Mavens
100
B 63478929 C
2
B
Money, Mississippi
ONE HUNDRED
series
2019

The Adventures of the Money Mavens
100
B 63478929 C
2
B
Money, Mississippi
ONE HUNDRED
series
2019

The Adventures of the Money Mavens
100
B 63478929 C
2
B
Money, Mississippi
ONE HUNDRED
series
2019

The Adventures of the Money Mavens
100
B 63478929 C
2
B
Money, Mississippi
ONE HUNDRED
series
2019

Send us your selfies!

Follow us on Instagram!
@AdventuresOfTheMoneyMavens
AND
@TheMoneyMavens

Facebook
Search: "Adventures of the Money Mavens"
Take a selfie with your book and tag
@AdventuresOfTheMoneyMavens
AND
@TheMoneyMavens in your posts on social media!

We'd love to see how you celebrate your success as you work to reach your savings goal!
Use the hashtags:
#TheMoneyMavens
#AdvoftheMoneyMavens
#AdventuresoftheMoneyMavens

Please visit our website: www.MoneyMavensCrew.com

¡Siguenos en los redes sociales!
@AdventuresOfTheMoneyMavens
¡Síganos en las redes sociales!

Instagram: @AdventuresOfTheMoneyMavens Y
@TheMoneyMavens

Facebook: Busque "Adventures of the Money Mavens"

Hágase un selfie con su libro y etiquete
@AdventuresOfTheMoneyMavens y @TheMoneyMavens
en sus publicaciones en redes sociales. ¡Queremos ver
como celebra su éxito!

Use los hashtags:
#TheMoneyMavens
#MoneyMavensCrew
#AdventuresoftheMoneyMavens

Consultese el sitio: www.MoneyMavensCrew.com

Author Kiara McClendon worked to bring her vision of a fun and educational way to empower young people on financial freedom to life with The Adventures of Money Mavens series. Born and raised in New Jersey, Kiara grew up the oldest child in a blended family. An independent young woman who had (and still has) dreams of changing the world, she set out to make a difference, celebrate diversity, and empower others to believe in themselves and the value of knowledge. She credits much of her passion for academic excellence to her fifth grade math and history teacher, Mr. Elder. It was in his class that she learned the basics of money management and was taught to never put limits on her capabilities, only on her credit cards. Her grandparents modeled great financial discipline and always taught her to save a little change for rainy day, a simple habit that she realized many people have never developed. She went on to graduate with her bachelors and two Master's degrees in Communications and Sport Leadership before her 24th birthday. While in college, she explored her passion for the music & entertainment business and the world of sport, and realized a common theme: she wanted to use her platform to empower and uplift others. A firm believer that YOU are your only limit, she works closely with student-athletes to support their success in the classroom, in their sports, and in life. Kiara hopes this book series will be inspirational to other young dreamers, and compel them to use their platforms for good, to empower others & encourage others to believe in themselves, to never give up on their dreams regardless of the critics, and to realize that true wealth begins in your mind. She is the founder and CEO of AForEffort, LLC.

La autora Kiara McClendon ha trabajado para brindar su visión de crear una forma divertida y educativa de empoderar a los jóvenes sobre la libertad financiera con la serie Aventuras de Money Mavens™. Nacida y criada en Nueva Jersey, Kiara creció siendo la hija mayor de una familia compuesta. Una joven independiente que soñaba (y todavía sueña) con cambiar el mundo, se propuso marcar la diferencia, celebrando la diversidad y capacitando a otros para creer en sí mismos y en el valor del conocimiento y la educación. Ella atribuye, en gran parte, su pasión por la excelencia académica a su maestro de matemáticas e historia del quinto grado, el Sr. Elder. En su clase aprendió los principios básicos de la administración del dinero. También le enseñó a no poner nunca límites a sus capacidades, solo a sus tarjetas de crédito. Sus abuelos modelaron una gran disciplina financiera y siempre le enseñaron a guardar un poco de dinero para los tiempos difíciles, un sencillo hábito que se dio cuenta que muchas personas nunca llegaron a desarrollar. Más tarde se graduó con su licenciatura y dos maestrías en Comunicación y Liderazgo Deportivo. Mientras estaba en la universidad, exploró su pasión por el negocio de la música, el entretenimiento y el mundo del deporte, y remarcó un elemento en común: quería usar su plataforma para potenciar y desarrollar a otras personas. Una firme creyente de que USTED es su único límite, Kiara trabaja en colaboración con estudiantes atletas para apoyar su éxito en el aula, en sus deportes y en la vida. Kiara espera que esta serie de libros inspire a otros jóvenes soñadores, y los motive a usar sus plataformas para mejorar, para empoderar a otros y alentarles a creer en sí mismos, a no renunciar nunca a sus sueños independientemente de la crítica, y darse cuenta de que la verdadera riqueza comienza en su mente. Ella es la fundadora y directora ejecutiva de AForEffort, LLC.

Troy, the Artist for book 1& 2 known as John Koldstitch, was raised in Columbus, OH surrounded by the rich African American heritage of the Mount Vernon Plaza community. He and his older sister Sharmaine were raised in a single parent household led by their mother, Neeka. His love for Art began at the age of 8 when he saw his sister doodling fashion ideas on paper and coloring in a very unique style in her coloring book. His older sister was his role model and he wanted to be creative just like her. He began coloring in the same style and drawing the exact fashion figures she drew, and his sister hated that he copied everything she did. Working to find his own style, he began drawing action figures in the same style as she drew her fashion figures. His desire to color and draw intensified and grew into one of his favorite hobbies. One day while in his 4th grade Art class, he was sitting at a table with four classmates drawing and coloring any landscape of our choice. He was finishing his picture and only needed to color the sky but all the blue crayons were being used. Unwilling to sit and wait, he randomly grabbed a fuschia (hot pink) crayon and began coloring the sky pink. His classmates laughed, picked fun, and critiqued him, stating "The sky is not pink, It's blue." He felt humiliated and immediately stopped coloring. The teacher approached the table, placed her hands on my shoulder, silenced the entire class and began instructing that art has no rules and is whatever you make it. "There are no limitations to your artwork, and you can express how you view your world with ANY colors you choose to represent it…" As she looked down at him with her hands still resting on my shoulders, she made her final statement. "So TROY, you can color your sky pink or any other color you want to, and never let anyone tell you what colors you can or cannot use in YOUR artwork. Do whatever you want." It was at this moment that Art became his voice, his passion, his Love, and thus evolved into a Lifestyle. Art is not what Troy does, Art is what Troy is

Troy Lopes, el Artista del libro 1 y 2, conocido como John Koldstitch, nació en Columbus (Ohio) rodeado por la rica herencia afroamericana de la comunidad de Mount Vernon Plaza. Él y su hermana mayor, Sharmaine, fueron criados en una familia monoparental encabezada por su madre, Neeka. Su amor por el arte comenzó a la edad de 8 años cuando vio a su hermana garabateando ideas de moda en un papel y utilizando un estilo único en su libro para colorear. Su hermana mayor era su modelo a seguir y quería ser tan creativo como ella. Empezó a colorear con el mismo estilo y a dibujar las mismas figuras de moda que ella dibujaba. Su hermana odiaba que él copiara todo lo que hacía. Trabajando para encontrar su propio estilo, comenzó a dibujar figuras de acción con el mismo estilo que utilizaba su hermana para sus figuras de moda. Su deseo de colorear y dibujar se intensificó y se convirtió en uno de sus pasatiempos favoritos. Un día, mientras estaba en su clase de Arte de 4° grado, estaba sentado en una mesa con cuatro compañeros de clase dibujando y coloreando un paisaje cualquiera. Estaba terminando su dibujo y solo tenía que colorear el cielo, pero todos los lápices azules ya estaban siendo utilizados. No estaba dispuesto a sentarse y esperar, así que tomó aleatoriamente un crayón fucsia y comenzó a colorear el cielo rosa. Sus compañeros de clase se rieron, eligieron la diversión y lo criticaron, diciendo "El cielo no es rosado, es azul". Se sintió humillado e inmediatamente dejó de colorear. La maestra se acercó a la mesa, puso sus manos sobre sus hombros, silenció a toda la clase y comenzó a instruir que el arte no tiene reglas, sea lo que sea que uno haga. "No hay limitaciones para su obra de arte, y puede expresar cómo ve su mundo con CUALQUIER color que elija para representarlo ..." Mientras ella lo miraba con sus manos aún apoyadas en sus hombros, hizo su declaración final. "Así que TROY, puede colorear su cielo rosa o de cualquier otro color que desee, y nunca deje que nadie le diga qué colores puede usar o no en SU obra de arte. Haga lo que quiera". Fue en este momento que el Arte se convirtió en su voz, su pasión, su Amor, y así llegó a ser un Estilo de Vida. El arte no es lo que hace Troy, el arte es lo que Troy es.

Money, Mississippi is a small town in Leflore County, Mississippi, home to approximately 100 people. Don't let the small population fool you. Despite its small size, in the 1950s Money became known for a horrific event that was catalytic in the Civil Rights Movement. The death of Emmitt Till sparked outrage and emphasized the challenges that Black/African American people faced in the 1950s when navigating their everyday lives.

This location was selected for this series to educate readers about the power that Money has had, both the town and the currency, and to challenge us all to use money for good and not evil. Money can do more to unify us than separate us if, and only if, we allow it. Money can uplift and empower communities and pave the way for freedom and equity, increasing our chances of having positive life experiences. Money can also cause jealousy & envy, and inspire evil and hatred, dividing us all based on our differences. The events in Money, Mississippi remind us that parts of American history have been riddled with pain, suffering, and division. However, it also gives hope that through dialogue, understanding, driving out hatred & racism, increasing knowledge, and diminishing ignorance, Money can unite us, change our path, transform our future.

Money, Mississippi es un pequeño pueblo en el condado de Leflore (Mississippi) hogar de aproximadamente 100 personas. No deje que la pequeña población le engañe. A pesar de su pequeño tamaño, en la década de 1950, Money se hizo conocido por un evento horrible que fue un catalizador del Movimiento por los Derechos Civiles. La muerte de Emmitt Till desencadenó la indignación popular y enfatizó los retos a los que se enfrentaba la población Afro-Americana en su día a día en la década de los 50.

Este lugar fue elegido para la serie en un esfuerzo por educar a los lectores sobre el poder que ha tenido Money, tanto el pueblo como la moneda, y que nos desafíe a todos a usar nuestro dinero para lo bueno y no lo malo. El dinero puede hacer más para unirnos que separarnos, si, y solo si, lo permitimos. El dinero puede elevar y empoderar a las comunidades y allanar el camino hacia la libertad y la equidad de oportunidades, aumentando nuestras posibilidades de tener experiencias de vida positivas. El dinero también puede causar celos y envidia, inspirar maldad y odio, y dividirnos a todos según nuestras diferencias. Los eventos en Money (Mississippi) nos recuerdan que parte de la historia de los Estados Unidos ha estado plagada de dolor, sufrimiento y división. Sin embargo, también de esperanza de que, a través del diálogo, la comprensión, la expulsión del odio y el racismo, el aumento del conocimiento y la disminución de la ignorancia, el dinero puede cambiar nuestro camino. El dinero puede cambiar nuestro futuro.

Made in the USA
Monee, IL
29 October 2025

33198761R10037